mein

Wunder-Tagebuch

von Bärbel Mohr

Wir sind keine menschlichen Wesen,
die eine spirituelle Erfahrung machen
– wir sind spirituelle Wesen, die eine
menschliche Erfahrung machen.

Teilhard de Chardin

Ich reise niemals ohne mein Tagebuch.
Man sollte immer etwas Aufregendes zu
lesen bei sich haben.

Oscar Wilde

Dies ist ein Tagebuch für

- ganz persönliche große und kleine Wunder
- erstaunliche Zufälle und Zusammentreffen
- Eingebungen, intuitiv richtige Entscheidungen
- persönliche Erfolge und Belege für deine geistigen Kräfte
- Beispiele für die Kraft des Geistes, die dir begegnen (wenn dich irgendetwas positiv beeindruckt, das können auch Zeitungsberichte sein, so notiere es dir).

Das, worauf wir unsere Aufmerksamkeit lenken, wächst. Deswegen ist es eine gute Übung das, was einem selbst an Wundern geschehen ist, und außergewöhnliche Erlebnisse aller Art zu notieren, damit man sie zur Hand hat, wenn einem das Leben gerade sehr nüchtern und zäh vorkommt oder alles zu stagnieren scheint. Kann man in solchen Augenblicken sein ganz persönliches Wunder-Tagebuch zücken und das schon Erlebte nachlesen, so wachsen sofort das Vertrauen und die Zuversicht wieder. Man glaubt wieder mehr an die eigene Kraft und fühlt sich verbundener mit Universum, Schöpfung, Natur, Gott/Göttin, der Intuition und inneren Stimme. Immer, wenn du bewusst etwas Positives wahrnimmst, öffnet sich dein Herz, und damit stärkst du automatisch deine Verbindung zum universellen Geist.

»Unser Glaubenssystem sorgt dafür,

dass die Realität, die wir durch unsere Wahrnehmung erzeugen, stabil bleibt. Indem wir glauben, dass die Welt, die wir erleben, *die einzig wahre* ist, richten wir unsere Wahrnehmung immer wieder auf diese Realitätsvariante und erzeugen sie dadurch – mit nur geringen Variationen – immer wieder neu. Ohne dieses Stabilisierungsprinzip könnten wir in jedem Moment jede beliebige Realität erzeugen.«

Jörg Starkmut in »Die Entstehung der Realität: Wie das Bewusstsein die Welt erschafft.« www.schoepfungsprinzip.de

Indem wir uns und sei es auch nur für Augenblicke lebendig vorstellen, uns mit der Kraft des ganzen Kosmos zu verbinden, können wir kurzzeitig aus unserem alten Glaubenssystem aussteigen und uns hast-du-nicht-gesehen-husch-husch etwas Neues aus dem Feld der unendlichen Möglichkeiten herausnehmen. Das Ergebnis kann man eine Lieferung des Universums, eine Wunscherfüllung, eine Programmierung, eine Codierung, eine Manifestation oder auch ein Wunder nennen.

Die Wunder können wachsen, gedeihen und mehr werden, je mehr Aufmerksamkeit sie – und sei es nur immer wieder mal zwischendurch, für einen Augenblick – von uns bekommen. Dabei ist es nicht wichtig, ob du wirklich jedes einzelne Erlebnis direkt dem bewussten Einsatz deiner geistigen Kräfte, also z. B. einer Bestellung, zuordnen kannst, denn so manches kommt einfach als Geschenk des Universums. Wichtig ist, dass es eine glückliche Fügung oder ein Ereignis war, das dir gut getan hat, und dass du die positiven Erfolge durch deine Freude daran stärkst.

Notieren, notieren, notieren, dann wird es sich auch bald vermehren!

Schwierig ist es manchmal, den ersten Satz in ein noch ganz leeres Tagebuch zu schreiben.
Damit du in deinem persönlichen Wunder-Tagebuch nicht bei Null anzufangen brauchst, startet dieses Tagebuch mit einer kleinen Zusammenstellung von best-of-Bärbel-Wundern plus einigen eindrucksvollen Anekdoten von Freunden. Ermuntere doch deine Freunde, dir ihre besten Erlebnisse ebenfalls zu erzählen, und trage sie mit in dieses Wunder-Tagebuch ein! Damit enthält dein Wunder-Tagebuch auch die Kraft und Wunder deiner Freunde. Ihr könnt euch damit gegenseitig unterstützen, denn Erfolg zieht Erfolg nach sich.
Mit den »best-of-Bärbel-Wundern« sind nicht nur Privatwunder gemeint, sondern auch eine Sammlung an allgemeinen

Belegen für die Kraft des Geistes aller Menschen. Ich lade dich ein, davon ebenfalls weitere zu sammeln und hier zu notieren. Was immer dir Passendes über den Weg läuft.
Ich habe dazu aus meinen 11 bisherigen Büchern einige Highlights kurz zusammengefasst und einige persönliche kleine »Wunder« hinzugefügt. Mögen alle diese Beispiele dich inspirieren zur »Vermehrung deiner persönlichen Wunder«.

Gut sammel, notier und schreib
und viele schöne Wunder
wünscht dir

Bärbel Mohr

Wundersames aus vielen Bereichen:

Dr. H. Benson von der Harvard Universität ist überzeugt, dass Gebete wie eine Wundermedizin wirken. Nach seinen Analysen erhöhen sie sogar die Lebenserwartung im Schnitt um 11 Jahre.

Wobei es dabei, wie viele Heiler und Ärzte mittlerweile überzeugt sind, nicht um die Inhalte der Gebete geht oder darum, zu wem man betet, sondern darum, dass man grundsätzlich von einer göttlichen oder bewussten universellen Kraft überzeugt ist und die Absicht hat durch Beten, Meditieren oder was auch

immer mit dieser in lebendigem Kontakt zu bleiben.

(aus »Der Wunschkalender« von Bärbel Mohr und Pierre Franckh)

***

Sobald wir die »Neue Biologie« wirklich verstehen, streiten wir uns nicht mehr um Vererbung versus Konditionierung, sondern wir erkennen, dass der voll bewusste Geist beides übertrumpft! Ich glaube, dass der dadurch bedingte Paradigmen-Wechsel genauso erschütternd sein wird jener, als einer Zivilisation, die sich auf einer flachen Scheibe wähnte, die Idee von der Erdkugel vorgestellt wurde!«

Bruce Lipton, amerikanischer Medizinprofessor, Biologe und Zellforscher in seinem Buch »Intelligente Zellen – Wie unsere Gene unser Bewusstsein steuern«.

Bruce Lipton berichtet außerdem, dass jeder Mensch aus 50 Billionen Zellen besteht, die nicht nur alle intelligente Verhaltensweisen an den Tag legen, sondern ebenfalls auf unsere Gedanken reagieren. Positive Gedanken haben eine mächtige Wirkung auf das Verhalten unserer Zellen. Wenn wir unsere unbewussten Programmierungen dabei mit beachten und bearbeiten, können wir unsere Zellen zu bisher ungeahnten positiven Umbauten im Körper veranlassen.

Bruce Lipton hat schließlich von seinen Studien über das Verhaltens der Zellen auf sich selbst geschlossen: »Was die Zellen können, aus denen ich bestehe, das kann ich auch«, sagte er sich eines Tages und änderte sein Leben komplett. Während er zu Beginn seiner Studienzeit gedacht hatte, ohne »Glücksgen« geboren zu sein, hat die »Neue Biologie« ihm beigebracht, dass er selbst derjenige ist, der entscheidet, ob das »Glücksgen« im Alltag aktiviert ist oder nicht.

***

In einem Leitartikel in der »Boston Post« anno 1876 stand: »Gut informierte Menschen wissen, dass es unmöglich ist, die menschliche Stimme via Kabel zu übertragen. Und wenn es möglich wäre, so hätte das Ganze keinen praktischen Wert.« Die Rede ist vom Telefon, das heute aus unserem Leben gar nicht mehr wegzudenken ist.

»Wird es je einen Computer geben, der weniger als 1,5 Tonnen wiegt? Werden sich Flugzeuge jemals in der Luft halten können? Wird ein Chirurg je an Kopf oder Bauch operieren können?«, das sind ähnliche Fragen, die lange Zeit von den führenden Wissenschaftlern vehement verneint wurden. Das sei alles auf jeden Fall unmöglich, hieß es damals.

Was wird heute noch für unmöglich gehalten? Ist das ein Grund, dass du dich davon begrenzen lässt ...?

***

Wissenschaftler des PEAR-Forschungslabors der Princeton University in New Jersey/USA stellten fest, dass viele Menschen, die ihre Aufmerksamkeit auf dasselbe Ereignis richten, damit gemeinsam eine gedankliche Ordnung erzeugen, die auch Systeme in der Natur beeinflusst, die sich aufgrund ihrer Labilität normalerweise rein zufällig verhalten, so dass sie sich plötzlich weniger zufällig verhalten. Das heißt, sie fangen an sich zu ordnen. Gemessen wird dies mit Hilfe des Zufallsgenerators, der die statistische Häufigkeit, z. B. beim Zerfall eines radioaktiven Stoffes, aufzeichnet. Weicht der Zerfall signifikant von dem Normalwert ab, so sucht man nach den Ursachen. Dabei hat sich gezeigt, dass Ereignisse, bei denen das Bewusstsein sehr vieler Menschen gemeinsam ausgerichtet ist, eine solche Veränderung bewirken. Beispiele dafür waren die Beerdigung von Prinzessin Diana und der 11. September 2001, aber auch große Gruppenmeditationen haben diese Kraft.

(aus »Nutze die täglichen Wunder«)

***

Mit am bekanntesten geworden, was die Kraft des Gebetes angeht, ist ein Experiment der Columbia Universität (New York). Dort wurde unter 219 Frauen mit unerfülltem Kinderwunsch eine Doppelblindstudie durchgeführt. Für die Hälfte wurde gebetet, ohne dass die Frauen und die Ärzte davon wussten. Die Hälfte der Frauen in der »Betgruppe« wurde schwanger. Das waren doppelt so viele wie in der Kontrollgruppe.

(aus »Wunschkalender 2007«)

Ich (Bärbel) wollte wissen, ob dieses Betgruppenexperiment in meinem Wohnzimmer annähernd auch so funktioniert. Mein Lebensgefährte und ich luden 30 Freunde ein und maßen mit einer Biofeedbackmethode (RAC, in meinem Buch »Neue Dimensionen der Heilung« näher beschrieben) deren und unseren Grundenergiewert.
Dann betete jeder für jeden bzw. meditierte für jeden und visualisierte eine liebevolle lichte Kraft im eigenen Herzen, die er in seiner Vorstellung mit allen anderen teilte.
Das Ergebnis hat uns alle begeistert: Bei jedem Einzelnen hatte sich der RAC-Wert, und damit das energetische Gleichgewicht im Körper, stark verbessert.

***

Das anthropische Prinzip gilt unter Naturwissenschaftlern derzeit als eins der drei wahrscheinlichsten Modelle zur Erklärung des Universums. Es wird in Fachmagazinen (wie »letter of physics« etc.) diskutiert und besagt, dass es auffällige Größen (Daten, Zahlen) in der Natur gibt, welche erkennen lassen, dass der Mensch ziemlich genau die Schnittstelle, d.h. die Mitte zwischen Makro- und Mikrokosmos bildet. So wird in dem so genannten strengen anthropischen Prinzip diskutiert, inwieweit sich unser Geist, bzw. unser Bewusstsein, als der entscheidende Akteur darstellt.
Damit beginnen erstmals wissenschaftliche Kreise ganz ernsthaft die Kraft des Geistes als die entscheidende Kraft im Universum anzuerkennen. Sogar so ernsthaft, dass sich einige Quantenphysiker zusammengeschlossen und einen Film dazu gedreht haben, der halb Dokumentation, halb Spielfilm

ist: »Bleep – was glauben wir eigentlich zu wissen.« www.bleep.de

Zwei Zitate aus dem Film:

»Dinge bestehen nicht aus noch mehr Dingen, sondern aus Gedanken, Konzepten, Informationen.«

Fred Alan Wolf, Ph.D.

»Selbst die materielle Welt um uns, Stühle, Tische usw. sind nichts anderes als mögliche Bewegungen des Bewusstseins.«

Amit Goswami, Ph. D.

***

95 Prozent Heilungserfolg, selbst bei Schwersterkrankungen (über 3 Jahre hinweg nach Genesung beobachtet), ist die höchste Erfolgsrate, die mir je im Leben untergekommen ist, und das, obwohl ich seit Jahren alle möglichen alternativen Heilmethoden beobachte. Das schafft auch der weltbeste Heiler und Lourdes nicht. Wer aber schafft es? Die Lösung ist ganz einfach: Du selbst! Du selbst mit Zhigong zum Beispiel. Zhigong ist nämlich keine passive Methode, bei der der Patient bequem dasitzt und der Heiler heilt oder Medikamente verteilt. In der Klinik in China, in der bei einer Studie diese Heilungsquote herauskam, haben die Patienten 30 Tage lang jeweils 12 Stunden am Tag Zhigong praktiziert. Danach waren 95 Prozent der Kranken geheilt oder ihr Zustand hatte sich stark verbessert. Egal ob sie Krebs, Diabetes oder sonst eine schwere Krankheit gehabt hatten. An dieser

Studie nahmen damals bis zu 5000 Patienten jeden Monat teil.
Die Körperübungen sind allerdings nur ein Teil der Methode und dazu da, den Körper durchlässig für die Energie des universellen Geistes zu machen. Das Praktizieren der inneren Geisteshaltung und Absicht sowie der inneren Bilder ist eng mit den Übungen verbunden.
95 Prozent: Das heißt, fast alles geht, wenn dein innerer Wunsch nur stark genug ist!

(aus »Neue Dimensionen der Heilung«. In Deutschland und Europa zu erlernen bei www.zhigong.de)

***

Die heilige Grotte von Lourdes mit ihrem Heilwasser kennt fast jeder zumindest dem Namen nach. Über 2000 Wunderheilungen (von Todgesagten, die gesund wurden und mindestens 10 Jahre danach gesund blieben) wurden bisher von der Klinik in Lourdes anerkannt (vom Papst allerdings nur 66, weil eine Wunderheilung nach den strengen Richtlinien der katholischen Kirche eben noch religiöse Kriterien erfüllen muss).

Blinde haben dort wieder zu sehen begonnen, auch wenn sie laut Medizin gar nicht die physischen Voraussetzungen zum Sehen hatten. Ein schwer MS-Kranker, der auf der Bahre nach Lourdes kam, war noch in derselben Nacht geheilt und konnte selbst wieder zur Toilette gehen. Das erste Wunder bei ihm ist die Heilung von der Krankheit. Das zweite, dass er nach so langer Liegezeit gehen konnte. Auch das ist medizinisch unerklärlich.

(aus »Nutze die täglichen Wunder«)

***

Lass dich beim Fabrizieren deiner eigenen Wunder daher nicht durch die Begrenzungen anderer einschränken. Einen Versuch ist alles wert!

***

Josef McMoneagle war 25 Jahre beim Pentagon im Geheimdienst beschäftigt: als medialer Fernwahrnehmer. Als beispielsweise ein US-General entführt wurde, konnte er Land, Stadt, Straße und sogar das Haus, in dem der General gefangen gehalten wurde, per medialer Fernschau aufzeichnen. Auch entführte Kinder hat er gefunden sowie noch aus Kriegszeiten vergrabene Minen.
Josef, den ich zweimal in München getroffen habe, sagte mir, dass die Fähigkeit nach einem Unfall von ganz alleine zu ihm gekommen sei. Aber Tests beim

Militär hätten ergeben, dass diese Fähigkeit der medialen Fernwahrnehmung in geringerem Maße bei jedem Menschen vorhanden sei. Untrainierte hätten zwar eine niedrigere Erfolgsquote als er (seine liegt bei 70 Prozent im Schnitt), aber dennoch mehr Erfolge als mit zufälliger Übereinstimmung erklärbar.

(aus »Der kosmische Bestellservice«)

***

Jeder hat die latente Fähigkeit sich per Eingebung Informationen aus dem Feld der Einheit des Universums zu holen: also auch du! Übung macht den Meister. Fang damit an, deine persönlichen kleinen Wunder und Erfolge hier zu notieren und an sie zu glauben, damit es mehr werden können!

***

Mir hat es damals keine Ruhe gelassen von Josef McMoneagle zu hören, dass jeder eine gewisse Mindestbegabung zur Fernwahrnehmung habe. Und bei der nächsten Geburtstagsparty waren sie dran, meine Gäste: Einer war unser »Agent«. Er wurde allen vorgestellt und dann mit einem Plan außer Haus geschickt. Als er anrief, dass er das Ziel erreicht habe, zückten die anderen Papier und Bleistift und versuchten sich hineinzufühlen, wo unser Agent sich gerade aufhielt.
5 von 30 Leuten zeichneten erkennbare Übereinstimmung mit dem Ort und bei 3 Bildern war fast alles wie »in echt«.

Hast du manchmal »deja-vu-Gefühle«, Vorausahnungen oder Eingebungen, die sich hinterher als genau richtig erweisen? Sofort notieren!

***

Walter Russell (1871-1963), anerkanntes Universalgenie, sagte zur Kommunikation mit der inneren Stimme: »Der einzige Unterschied zwischen dem größten Genie der Welt und dem Durchschnittsmenschen liegt darin, dass ein Genie um das Licht in seinem Inneren weiß und der Durchschnittsmensch nicht.«

(aus »Das Genie steckt in jedem« und »Vielfalt im Einklang«, Genius-Verlag)

***

Erinnerst du dich an den Kinofilm »Rausch der Tiefe«? Hast du ihn vielleicht sogar selbst gesehen? Er beschreibt das Phänomen der Apnoe-Taucher, der Freitaucher.

Ein Freund von mir, Dieter, taucht regelmäßig in Ägypten. Er »weiß«, länger als ein bis maximal eineinhalb Minuten bei viel Training, kann ein Mensch nicht die Luft anhalten. Er taucht daher, wie die

meisten anderen auch, mit Sauerstoff-Flasche.
Wenn er eine Woche tauchen geht, geht er täglich bis ca. 30 Meter Tiefe runter und einmal auf 50 Meter.
Apnoe-Taucher tauchen in Badehose mit Schnorchel und ohne Sauerstoff-Flasche. Der Weltrekord liegt bei 209 Meter Tiefe (am 30.6.05 von Herrn Musimu in Ägypten erreicht) und im statischen Tauchen (im Pool in ruhiger Lage unter Wasser) bei fast 9 Minuten Luft anhalten.
Aus medizinischer Sicht ist nicht nachvollziehbar, wie ein Mensch das schaffen kann.
Dieter hat bei seinem letzten Tauchgang letzten Sommer in Ägypten einen gehörigen Schrecken bekommen, als ein solcher Apnoe-Taucher plötzlich von unten angeschwommen kam. Im dünnen Badehöschen paddelte er einige Augenblicke fröhlich grinsend um die Truppe mit Tauchcomputer am Arm, Sauerstoff-

Flasche und Neoprenanzug herum und düste dann ab nach oben.
Ein früherer persönlicher Pilot von Indira Gandhi betrieb eine eigene Version von Apnoe-Tauchen. Er soll volle vier Tage ohne Atmungsgerät am Boden eines mit Wasser gefüllten Swimmingpools gesessen haben und damit gegenwärtiger Meister dieser Klasse in Indien sein. Jahrelange Trance- und Meditationspraktiken hatten ihm dies ermöglicht.

Egal ob neun Minuten oder vier Tage ohne Luft: Alle diese Menschen haben vermutlich einen inneren Zugang zu dem gefunden, was ich den universellen Geist oder die innere Kraft nenne.
Man muss mit dieser Energie nicht unbedingt auf Tauchstation gehen, man kann sie auch nutzen, um zum eigenen höchsten Potential aufzutauchen.
Zwar war Darwin überzeugt von seiner Evolutionstheorie. Aber erste Zweifel

kamen ihm angesichts des Auges. Wie er es auch drehte und wendete, es schien doch so, als könne es sich nicht entwickelt haben. Denn entweder ein Lebewesen sieht oder es sieht nicht. Und sobald es sieht, steckt ein unglaublich kompliziertes Wunderwerk dahinter: das Auge. Das sah mehr nach einem intelligent gesteuerten Evolutionssprung als nach schleichender Entwicklung aus. Wann machst du deinen ganz persönlichen Evolutions- oder Bewusstseinssprung?

***

Der amerikanische Naturforscher Dr. N. J. Stowell hat sich mit Gehirnstrahlungen befasst und mit Kollegen zusammen ein Experiment durchgeführt, um die Wellenlänge und Intensität der Hirnstrahlung im Augenblick des Todes zu messen. Normalerweise bewegt sich die Strahlung innerhalb eines kleinen Bereiches, außer – und das ist das absolut Spannende an dem, was er herausfand – außer ein Mensch betet ganz bewusst und mit echter Freude zum Göttlichen (egal welchen Glaubens). In diesem Moment erreichen die Gehirnwellen Stärken, die mehr als das Fünfzigfache der normalen Durchschnittswerte ausmachen. (Fluchen, das zeigte ein weiterer Versuch, hat übrigens genau die entgegengesetzte Wirkung.)

Dr. Stowell war von diesen Experimenten derart beeindruckt, dass sie ihn von einem zynischen Atheisten, wie er sich selbst nannte, in einen gläubigen Menschen verwandelten.

Ich kenne diesen Herrn nicht und weiß nicht,

ob er tatsächlich so verwandelt war. Aber ich kenne mich und viele Menschen in meinem Bekanntenkreis. Wer immer eine so genannte Gotteserfahrung gemacht oder die Aufhebung der irdischen Gesetze erlebt hat, ist nicht mehr derselbe Mensch wie zuvor.

***

Wenn ein Arzt einem Patienten eine Tablette verabreicht und dabei absichtlich zu einem Scheinmedikament (Placebo, besteht z.B. nur aus Traubenzucker) greift, wirkt dieses bei einigen Patienten dennoch, aber bei nur wenigen.
Ganz anders verhält es sich, wenn der Arzt nicht weiß, dass er ein Placebo verabreicht, weil der Pharmakonzern es

ihm untergeschmuggelt hat. Dann wirkt das verabreichte Scheinmedikament in nahezu genau so vielen Fällen wie das echte Medikament.
In der Placebo-Forschung gibt es sogar Fälle von Versuchspersonen mit Glatze, denen ein »Haarwuchsmittel« als ganz besonders Erfolg versprechend angepriesen wurde. Obwohl das Mittel in Wahrheit nur Traubenzucker enthielt, zeigte sich bei fast der Hälfte der Testpersonen ein neuer Haarwuchs.
Was wirkt denn bei einem Medikament nun tatsächlich? Die Inhaltsstoffe oder die vereinte positive Erwartungshaltung von Arzt und Patient? Haben die beiden

womöglich unbewusst ein Heilfeld erzeugt oder eine göttliche Kraft aktiviert?

(aus »Nutze die täglichen Wunder«)

***

Clemens Maria Mohr, Mental- und Motivationstrainer, hat sich intensiv mit der Kraft des Denkens befasst. Er berichtet: »Ich betreue nicht nur Manager, sondern auch Hochleistungs-Sportler zum Thema Mentaltraining. Um die Auswirkungen unserer Gedanken auf unseren Körper wissenschaftlich zu überprüfen, führe ich seit Jahren Testreihen an Kraftmessgeräten durch. An Computerbildschirmen wird angezeigt, wie viel Kraft der Sportler gerade aufbringen kann, wenn er zum Beispiel seine Beine mit maximal möglicher Kraft auf einer Beinpresse streckt. Dieser Test ist unter anderem für Skifahrer üblich.

Hierin zeigen sich enorme Unterschiede, je nachdem, was die Sportler im Moment der Ausführung DENKEN! So haben einzelne Athleten bis zu 80 Prozent mehr Kraft, wenn sie positive Gedanken haben (im Vergleich zum gleichen Test bei negativen Gedanken)! Diese Unterschiede sind nicht bei allen Sportlern so groß. Aber im Schnitt sind es immer noch 15 Prozent mehr objektiv messbare Kraft bei positiven, als bei negativen Gedanken. Und 15 Prozent sind im Hochleistungssport Welten! Schließlich gewinnt ein Skiläufer oftmals mit nur Hundertstel-Sekunden Vorsprung.«

Clemens Maria Mohr (nicht mit Bärbel verwandt) hat mit ihr zusammen das Buch »Die Mohr-Methode« und »Neues vom Wunschfänger-Engel« geschrieben. www.clemensmariamohr.de

***

Es gibt im Zen die Disziplin des Bogenschießens. Die Schützen erlernen dabei, »es« schießen zu lassen anstatt selbst zu schießen. »Es« ist wieder diese Kraft, die wir nur erahnen und erfahren, aber nicht messen können.

(aus »Zen in der Kunst des Bogenschießens« von Eugen Herrigel.)

Ich habe sogar von einem Scharfschützen erfahren, der am treffsichersten war, wenn er die Augen ganz schloss. Dann konnte er am besten »es« schießen lassen.

***

Wissenschaftler kommen zu dem Schluss, dass Menschen, die sich auf ihr Bauchgefühl verlassen, damit selten irregehen. Sie leben zufriedener und glücklicher. Sie erzielen sogar bessere Ergebnisse beim Auswählen von Aktienpaketen. Denjenigen, die rein mit dem Verstand bei Aktien zu entscheiden versuchen, schwirrt vor lauter Pros und Kontras irgendwann nur der Kopf. Die Wissenschaftler mutmaßen sogar, dass bei schwierigen Entscheidungen die Intuition ganz automatisch entscheidet und der Kopf nur nachträglich nach Gründen sucht, um diese Bauchentscheidung zu rechtfertigen, weil er es nicht schafft, dem Gefühl einfach zu vertrauen.

***

Wenn man fünf Pflanzen in einen Raum stellt und mehrere Studenten einzeln in den Raum schickt und einer der Studenten eine der Pflanzen ausreißt und zerstückelt, dann können die anderen Pflanzen hinterher den »Mörder« unter den Studenten erkennen. Sie geraten nämlich »in Panik«, wenn er den Raum

betritt. Auch diese Reaktionen kann man messen.
Wenn eine Pflanze so sensitiv ist, denkst du, du seist weniger sensitiv?

***

Ein Kind, dessen Eltern volles Vertrauen haben, dass es im Leben gut zurecht kommt und dass ihm nichts passieren wird, verletzt sich deutlich seltener als ein Kind, dessen Eltern ständig in Sorge um es sind. Dies hat fast jeder schon im Bekanntenkreis beobachten können oder kennt es aus der eigenen Jugend. Noch viel mehr gilt dies in Bezug auf das, was du für dein eigenes Leben erwartest.

***

Manche Menschen hassen das Geräusch des Weckers am Morgen. Sie schaffen es, jeden Morgen genau zwei Minuten vor dem Klingeln des Weckers aufzuwachen, um so dem Klingelgeräusch zu entgehen. Wenn der Wecker nicht eingeschaltet ist, verschlafen sie. Wer weckt sie denn da so pünktlich?!

Ohne Intuition kämen wir weder heil durch die Fußgängerzone, noch würden wir die Skiabfahrt auf einem vollen Steilhang überleben, schreibt Joachim Bauer, Prof. für Psychoimmunologie in seinem Buch »Warum ich fühle, was du fühlst – Intuitive Kommunikation und das Geheimnis der Spiegelneurone«. Selbst für solche harmlos erscheinenden Tätigkeiten brauchen wir eine intuitive Verarbeitung von Signalen und die Vorausschau, wohin sich die Menschen um uns herum im nächsten Augenblick wenden werden.

Intuition ist somit nichts anrüchig Esoterisches, sondern eine von jedem ständig und jeden Tag eingesetzte Fähigkeit. Dass eine gute Intuition ein wichtiges

Überlebensinstrument ist, das kann heute keiner mehr bestreiten. Und sie lässt sich trainieren und verbessern. Mehr darüber auch in den Büchern des Gehirnforschers Manfred Spitzer, der besonders in Vorträgen an Schulen betont, dass unser Gehirn sofort in den Zustand »Lernblockade« geht, wenn wir uns nicht angenommen, unter Stress oder Druck fühlen. Nur so ist es auch zu erklären, dass es in guten Alternativ-Schulen zwar keine Hausaufgaben für Nachmittags, keinen Druck und keinen Stress gibt, die Kinder aber trotzdem mehr Lernstoff bewältigen als in Regelschulen.

Mehr dazu unter Tipps zu Kindertrainings auf www.baerbelmohr.de und dort unter »Bärbels Kinderbuchseite« und www.archiv-der-zukunft.de

***

Der Stamm der Dogon, der in der Nähe der Stadt Timbuktu im afrikanischen Mali lebt, hat nachgewiesenermaßen seit über siebenhundert Jahren eine besondere Beziehung zum Planeten Sirius. So kennen sie einen zweiten kleinen Stern, der Sirius in fünfzig Jahren einmal umkreisen und aus der dichtesten Materie des Universums bestehen soll. Viele Menschen fühlten sich vom Wissen der Dogon angezogen und fasziniert. Die Wissenschaft dagegen hielt es für Stammesmythen und Unsinn – bis zum Jahr 1862, als man mit neuen Teleskopen einen kleinen Stern entdeckte, der mit etwa 1,77 mal 10^8 kg/m^3 unglaublich schwer ist und der Sirius A in etwas mehr als 50,1 Jahren umkreist. Er wird heute Sirius B genannt.

(aus »Nutze die täglichen Wunder«)

***

1752 hielt Benjamin Franklin, ein Bergmann und Buchdrucker, vor der Königlichen Gesellschaft einen Vortrag darüber, wie man mit einer Eisenstange die atmosphärische Elektrizität von Gewitterblitzen ableiten könne. Die gelernten Wissenschaftler lachten auch diesen »Dummkopf« aus und weigerten sich, »derart sinnloses Zeug« in ihrem Mitteilungsblatt abzudrucken. Hätte Franklin sich nicht selbst vertraut, hätte er nicht den Blitzableiter erfinden können. Vertraue auch du dir selbst und gib deiner inneren Stimme eine Chance!

(aus »Nutze die täglichen Wunder«)

***

Telepathie mit Tieren kennen viele Tierbesitzer. Besonders Katzen wissen es oft, wenn Herrchen oder Frauchen beschließen nach Hause zu kommen und laufen in genau dem Moment zur Tür. Wenn die daheim gebliebene Partnerin ihren Mann beispielsweise im Büro anruft, bestätigt sich, dass er gerade beschlossen hatte, nach Hause zu kommen.

Rupert Sheldrake (»Sieben Experimente, die die Welt verändern könnten«) berichtet sogar von einem Hund, der dies brav unter kontrollierten Bedingungen vorführte. Eine Fernsehredakteurin ging mit dem Frauchen des Hundes einkaufen und sagte der Frau nicht, wann sie gedachte umzukehren und wieder nach Hause zu fahren. In der Wohnung der Frau saß ein Fernsehteam und beobachtete den Hund, der vor dem Sofa lag. Zehn Sekunden nachdem die Redakteurin dem Frauchen des Hundes kundtat, dass sie nun zurückzugehen gedenke, stand der Hund von seinem Schlafplatz vor dem Sofa auf, setzte sich ans Fenster und wartete dort auf seine Besitzerin. Da der Hund sich in 75

Prozent aller Tests so verhielt, führte er damit jede Annahme, dies sei Zufall, ad absurdum.
Und – mal ehrlich – wenn ein Tier so etwas kann, dann muss diese Fähigkeit auch in uns vorhanden sein, oder?
(aus »Nutze die täglichen Wunder«)

***

Hier ein paar Wunder aus meinem eigenen Leben und von Freunden von mir:

Wunder von Bärbel

Ich war bei einem wissenschaftlichen Symposium. Durch einen Bekannten hatte ich erfahren, dass unter den Zuhörern ein Forscher war, dessen Fachgebiet mich besonders interessierte. Da ich ihn am Vortag nicht gesehen hatte, bestellte ich mir für diesen Tag, dass mir zumindest jemand sagen würde, welcher der über 300 Symposiumsteilnehmer er ist.

Ob er sich dann mit mir unterhalten wollte, das würde er natürlich selbst entscheiden müssen, so was kann man nicht bestellen, da man sich nicht über den freien Willen anderer einfach so hinwegsetzen darf.
Als ich an diesem Tag in den Konferenzsaal kam, waren schon fast alle anderen Teilnehmer da und mein Platz vom Vortag war vergeben. Also suchte ich nach einem leeren Stuhl, stellte meine Sachen darauf ab und ging noch einmal kurz raus. Als ich zum Veranstaltungsbeginn wieder hereinkam, kam auch gleich die erste Überraschung, als mein Nachbar sich vorstellte. Denn wer saß da neben mir? Genau jener Forscher, den ich mir bestellt hatte. Ich war hoch erfreut. Denn wenn das Universum ihn direkt neben mich setzte, dann durfte ich ihn doch sicherlich auch ausfragen ...

***

Wir hatten gedacht, wenn die Kinder im Kindergarten sind, brauchen wir kein Au-pair Mädchen mehr. Dass das falsch gedacht war, fiel mir auf, kurz bevor die Au-pair-Zeit des alten Au-pair ganz abgelaufen war. Es war eigentlich viel zu spät sich um ein neues Mädchen zu kümmern. Da musste mal wieder bestellt werden.
Es passierte etwas Seltsames: Der Verstand brach in Hektik aus und das Gefühl verkündete, es wäre bereits für alles gesorgt. »Ja wie?«, trompete der Verstand. »Stress, Hilfe! Das dauert doch alles ewig und dann der ganze Formalitätenkram, wie furchtbar.« »Schon alles da«, summte völlig gelassen das Gefühl und ich war sehr unsicher, was es damit meinen konnte.
Mein Mann sagte, ich solle es doch einfach mal bei einer Agentur probieren, die wir zwei Jahre vorher bereits kontaktiert hatten. Und da war es wieder: das sichere Gefühl, dass alles gut würde! Auf einmal

konnte ich es besser orten. Es hatte mit dieser alten Agentur zu tun.
Ich habe sofort angerufen, meine Geschichte vorgetragen und was bekam ich zu hören: »Auf Sie habe ich schon gewartet!«
Wie das?
Die Inhaberin der Agentur hatte ein eigenes Büro in Kenia und hatte sich dieses Jahr ihre Mitarbeiterin vom Büro dort, die sie seit Jahren als zuverlässig und supernett kannte, selbst als Au-pair ins Haus geholt. Nun hatte sich plötzlich ihre familiäre Situation geändert und sie brauchte sie doch nicht. Deswegen suchte sie jetzt eine angenehme Familie, mit der sie schon gute Erfahrungen gemacht hatte, der sie dieses Mädchen weitergeben konnte. Denn sie wollte sie auf jeden Fall bestmöglich unterbringen.
Es stellte sich heraus, dass meine letzten beiden Au-pairs (Zwillingsschwestern, die nacheinander kamen, wir hatten

daher im letzten Jahr keine Agentur gebraucht) dieses neue Mädchen kannten und mochten. Sie kam bereits am nächsten Tag zum Kennenlernen, sagte sofort zu und zog drei Tage später bei uns ein. Etwas bang rief ich noch die Ausländerbehörde an, welche Papiere sie für den Wechsel alles brauchen würden. Und siehe da: Sie wollten eine Anmeldung beim Einwohnermeldeamt und eine Krankenversicherung und sonst gar nichts. Kein Gerenne mit Papieren und Bescheinigungen und Klimbim. Es war schon alles erledigt. Das Gefühl hatte Recht gehabt!

Wunder von Katrina

Ich lebte damals in der Karibik im »cunucu«, das arubanische Wort für Einöde. Nun wollte ich dringend meine Freundin in Atlantic City besuchen, war aber leider völlig blank. Ich bestellte beim Universum ein paar hundert Dollar und rechnete fest mit irgendeinem Jobangebot, das mir das nötige Geld bescheren sollte. Am nächsten Tag ging ich in meinen kleinen Innenhof und fand dort beim Blumengießen jede Menge Dollarscheine, 10er, 50er, 100er. Da ich keine Nachbarn hatte und mir einfach nicht vorstellen konnte, wer hier im Niemandsland Geld hätte verloren haben können, fragte ich Freunde, die mich in letzter Zeit besucht hatten. Keiner vermisste Geld. Sie kamen aber alle gelaufen, um auch fündig zu werden. Sie suchten die ganze Gegend ab. Fehlanzeige. Kein einziger Dollarschein hatte sich in das Gestrüpp jenseits meines von zwei Meter hohen Mauern umgebenen Innenhofs verirrt. Ich aber fand über die nächsten Tage weitere Dollarscheine in meinem Hof, bis ich genug hatte für meinen Trip. Dann hörte der Geldsegen auf. Ich ging zur Bank, um herauszufinden, ob es sich vielleicht um Blüten handelte. Nein, es war echtes Geld. Auch bei der Polizei war keine Vermisstenanzeige aufgegeben worden.

So wurde ich den Verdacht nicht los, dass das Geld, das es buchstäblich in mein Haus geweht hatte, wohl für mich war ...

Vielen Dank, liebes Universum, für diese prompte und direkte Lieferung, die ich nach wie vor kaum glauben kann!

Jetzt konnte ich meine Freundin in Atlantic City besuchen.

Eines Abends trafen wir eine weitere Freundin von ihr, Liz. Wir gingen aus und hatten sehr viel Spaß. Plötzlich wurde Liz ernst, schaute mir tief in die Augen, ihre Energie veränderte sich auf seltsame Weise und sie sagte: »Du weißt gerade nicht so recht, wohin in deinem Leben. Du musst unbedingt eine Kollegin von mir, Sheba, in San Diego besuchen. Da werden sich deine Weichen stellen.« Ich war völlig verwirrt. Später erzählte mir meine Freundin, dass Liz eine hellsichtige Heilerin ist. Ich rief also bei Sheba an, packte meinen Koffer und kaufte mit meinem letzten Geld ein Ticket nach San Diego. Dort stand ich dann irgendwann mitten in der Nacht vor Shebas Tür. Die war entsetzt, hatte sie doch am Telefon »nein« gesagt, sie könne mich nicht treffen, sie habe zu viel zu tun. Ich aber hatte »ja, du kannst gerne für ein paar Tage kommen« verstanden ... Tja, so mitten in der Nacht konnte sie mich nun auch nicht wieder wegschicken. »Für eine Nacht«, meinte sie zähneknirschend. Ich blieb über ein Jahr, machte ihr den Haushalt, sie brachte mir ihre Heilkünste bei. Am Ende wollte sie mich kaum mehr gehen lassen und, ja, meine Weichen stellten sich in der Tat. Ich fand zu meinem Beruf und meiner Berufung.

Ein wundervoller *Zufall* von Bärbel

Eine Freundin von mir hatte bei einer inneren Visionsreise zum Thema »Nahe Zukunft« während eines Seminars sich selbst und ihre Kinder auf einer schönen Insel am Strand sitzen sehen. Und neben dran saß ich (Bärbel) mit meinen Kindern und wir unterhielten uns ganz entspannt.

Als wir uns das nächste Mal sahen (zwei Wochen später) traute sie sich jedoch nicht, mir von dieser Vision zu erzählen, weil sie dachte, ich könnte sonst meinen, dass sie langsam vielleicht doch anfange ein bisschen abzuheben.

Umso erstaunter war sie über das, was ich ihr berichtete: Bei mir hatte sich in den letzten zwei Wochen nämlich auch das Thema »Insel« aufgetan und ich hatte bereits einen Flug auf eine solche für uns gebucht und fragte sie nun, ob sie mit ihrer Familie nicht mitkommen wolle. Sie war bass erstaunt. Da traute sie sich nicht, mir überhaupt von der Inselvision zu erzählen und derweil hatte ich den Flug schon gebucht. Morgen fliegen wir alle zusammen los (Anfang April 2006). Mal sehen, was die Insel uns »erzählen« will.

Wunder von Bärbel

Jemand bot mir ein Geschäft an, das zwar äußerst lukrativ gewesen wäre, das bei mir aber ein schlechtes Gefühl hinterließ. Natürlich

hatte der Geschäftsinhaber eine andere Sichtweise der Dinge und war rhetorisch äußerst gewandt, so dass ich vorübergehend irritiert war, ob ich den Vorschlag nun gut oder schlecht finden sollte.
Ich fragte beim Universum nach: »Liebes Universum, bitte schick mir ein Zeichen, ob ich immer genug verdienen werde auch nur mit Büchern und ohne ein zweites Standbein wie das Vorgeschlagene.«
Einen Tag später riefen mein Verleger und Pierre Franckh, mit dem ich einen Taschenkalender für 2007 gemacht habe, aufgeregt an: Unser Wunschkalender lag bei der Internetbuchhandlung Amazon in der Hitliste für aktuelle Buchbestellungen auf Platz 12! Und das mitten im März 2006, drei Monate vor Erscheinen des Kalenders und ein ¾ Jahr bevor ihn irgendein Mensch gebrauchen konnte, denn er war ja erst für 2007.
Ich war begeistert. Da stelle ich abends eine Frage ans Universum und am

nächsten Morgen das! Wenn das keine gute Antwort ist, dachte ich mir und sagte das Zusatzgeschäft ab. Danke Universum für diese klare Aussage.

PS zehn Tage später:
Das Universum schien zu finden, dass bei der Beantwortung dieser Frage »doppelt gemoppelt besser hält«. Es hat nämlich noch drei Tage später einem bekannten TV Moderator in England die Idee eingegeben, öffentlich im Fernsehen zu sagen, dass er sein Comeback im TV und drei weitere Bestellerfolge meinem Buch zu verdanken habe. Seitdem hagelt es Intervicwanfragen aus England, wo das Interesse an dem Buch bisher fast gleich Null war. Wow, was für eine deutliche Antwort von oben!

Wie können erste persönliche Wunder aussehen?

Beispiele:

- Du hast erfolgreich einen Parkplatz in der Innenstadt vor deinem Lieblingslokal bestellt.
- Du hast etwas verlegt und es erfolgreich zurückgewünscht.
- Du wolltest dieselbe Strecke nach Hause fahren wie immer. Aber du bist einem Impuls gefolgt, heute mal anders zu fahren. Zu Hause hörtest du vom Nachbarn, dass auf der Hauptstrecke eine Teilsperrung war und alle im Schneckentempo fuhren.
- Du denkst an jemanden und am selben Tag ist Post von der Person im Briefkasten oder ein paar Minuten später ruft die Person an.

Hier beginnt dein Tagebuch

Wunder, Zufälle, erfolgreich Gewünschtes oder Bestelltes, himmlische Zeichen und Eingebungen, groß und klein von dir und deinen Freunden:

Wir leben in einem Universum, das wir selber sind.

Amit Goswami

Gott hat die Welt
nicht geschaffen,
er ist sie geworden.

Neale Donald Walsch

Das Wunder ist nicht ein Widerspruch zu den Naturgesetzen, sondern ein Widerspruch zu dem, was wir von den Gesetzen wissen.

Augustinus

Es gibt kein Wunder für den, der sich nicht wundern kann.

Marie von Ebner-Eschenbach

Wer nicht an Wunder glaubt,
ist kein Realist.

David Ben Gurion

Es hat keinen Sinn sich Sternschnuppen zu wünschen, ohne jemals in den Himmel zu blicken.

Nicole Retter

Nur die Liebe zur Wahrheit schafft Wunder.

Johannes Kepler

Und wenn ihr euch das Staunen
erhalten könntet über die
täglichen Wunder eures Lebens,
so wäre euer Schmerz nicht
weniger erstaunlich als eure
Freude. Denn dann würdet ihr
die vier Jahreszeiten eures
Herzens so annehmen, wie ihr
die Jahreszeiten annehmt, die
über eure Felder ziehen.

Khalil Gibran

Wenn ein Herz sich um
ein anderes müht, ist
immer ein Wunder dabei.

Ernst Wiechert

Wunder können jeden Tag geschehen, man muss nur bereit sein, sie zuzulassen.

Unbekannt

Wenn ein Wunder in
der Welt geschieht,
geschieht es durch
liebevolle, reine Herzen.

Johann Wolfgang von Goethe

Um Wunder zu erleben,
muß man an sie glauben.

Carl Ludwig Schleich

Wären die Pforten der
Wahrnehmung gereinigt,
erschiene jedes Ding wie es
wirklich ist – unerschöpflich.

William Blake

Jeder muss sich das Wunder seines Lebens stets aufs Neue erwirken.

Adalbert Stifter

Je tiefer man die Schöpfung
erkennt, um so größere
Wunder entdeckt man in ihr.

Martin Luther

Die größten Wunder
gehen in der größten
Stille vor sich.

Wilhelm Raabe

Wünsche muß man loslassen,
damit sie gehen können –
nämlich in Erfüllung.

Shivani